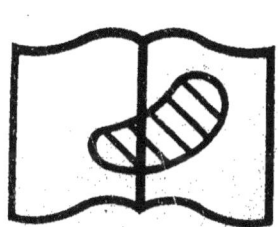
Illisibilité partielle

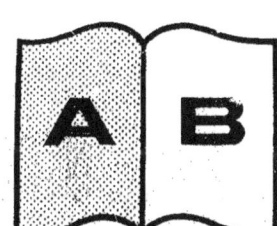
Contraste insuffisant
NF Z 43-120-14

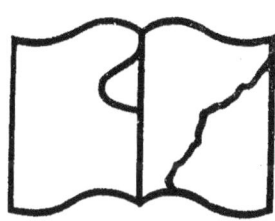
Texte détérioré
Marge(s) coupée(s)

Valable pour tout ou partie
du document reproduit

Couverture inférieure manquante

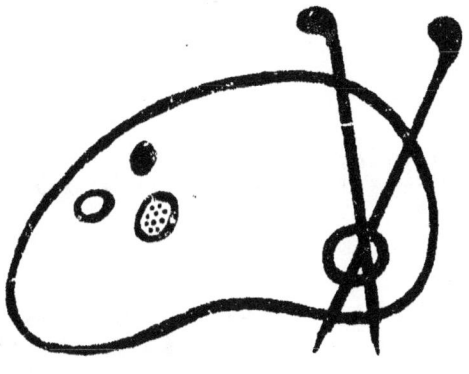

Original en couleur

NF Z 43-120-8

RECHERCHES HISTORIQUES

SUR

LA RIVIÈRE D'ARMANÇON

LE FLOTTAGE DES BOIS DES COMTES DE TONNERRE

AU XVIᵉ SIÈCLE, ETC.

PAR

Max. QUANTIN

Extrait de la *Société des Sciences historiques et naturelles de l'Yonne*,
2ᵉ semestre 1887.

AUXERRE

IMPRIMERIE DE GEORGES ROUILLÉ

1888

RECHERCHES HISTORIQUES

SUR LA RIVIÈRE D'ARMANÇON

LE FLOTTAGE DES BOIS DES COMTES DE TONNERRE AU XVI° SIÈCLE, ETC.

Par M. Max. QUANTIN

Séance du 4 Décembre 1887.

Le déclassement de la rivière d'Armançon comme rivière flottable, depuis Brienon jusqu'à son embouchure dans l'Yonne, a mis fin au rôle public que ce cours d'eau remplissait encore dans l'économie générale. Il nous a paru à propos, à cette occasion, de rechercher ce qu'avait été l'Armançon dans les temps passés, son emploi pour la navigation par bateaux et l'importance du commerce de bois qui se faisait jadis sur son cours.

I.

Un dicton populaire, à propos de l'Armançon, porte : « Mauvaise rivière et bon poisson. » La seconde partie s'explique naturellement par la qualité du poisson qu'on y pêche ; quant à la première, elle est due au caractère capricieux de la rivière qui, de sa source jusqu'à Buffon, coule sur un sol imperméable, et, descendant rapidement des montagnes de l'Auxois, change souvent de lit (1), décrit des courbes sinueuses et cause par son impétuosité, au temps des grandes eaux, de graves dommages aux riverains et intercepte quelquefois les communications sur

---

(1) En 1258, l'Armançon, près de la ferme de Crécy, commune d'Avrolles, lieu dit Champbertaut, abandonna son lit « dans un cours impétueux et s'en ouvrit un autre dans les prés de l'abbaye de Pontigny. » (*Recueil de Pièces du* XIII° *siècle, etc.*, n° 581).

ses bords (1). Lebeuf, qui était d'humeur voyageuse, nous a laissé, dans son *Voyage à l'abbaye de Clairvaux en 1730* (2), une mauvaise opinion de la rivière d'Armançon : « En passant le bac à Vergigny, j'appris, dit-il, que la rivière d'Armançon est dangereuse, qu'elle emmène quelquefois des vignes situées sur des montagnes en sappant ces montagnes par le bas. »

L'Armançon, dans les chartes, est appelé :

>Hormensio ou Ormensio ;
>Or, rivière ;
>Maen, pierres ;
>Coh, rouges.

C'est-à-dire, en celtique, rivière aux pierres rouges, allusion au granite qui, dans la partie supérieure, tapisse son lit (3).

L'Armançon, l'une des rivières du bassin de l'Auxois (4), prend sa source à Essey, canton de Pouilly en Auxois (Côte-d'Or), à un kilomètre du village, à une altitude de 418^m. Elle reçoit à Buffon la Brenne, comme affluent important, et à Saint-Florentin, l'Armance, qui prend sa source près de Chaource (Aube). On a trouvé sur les bords de la rivière, dans le haut de son cours, et notamment à Montigny et à Genay, des silex taillés et polis et d'autres ustensiles indiquant l'existence de peuplades de ces temps reculés qu'on désigne sous le nom vague de préhistoriques (5).

Aux environs de la source de l'Armançon s'élevèrent, aux temps gallo-romains, de grands édifices formant des villas. Il n'en existe plus de vestiges. On a recueilli dans ce lieu plusieurs morceaux de sculpture qui sont conservés au musée de Semur (6). Parmi ces objets était un bige à deux roues, dont les chevaux sont campés d'une manière remarquable (7).

Les traces du culte de la rivière n'ont pas été conservées.

(1) Voyez la note sur quelques inondations de l'Armançon, p. 188.
(2) *Bull. de la Soc. des Sciences de l'Yonne*, 1887, p. 36.
(3) Bullet, *Mémoires sur la langue celtique*, t. 1, p. 62.
(4) Voyez dans l'*Annuaire de l'Yonne*, années 1854, 1855, 1856, l'intéressante description de la vallée de l'Armançon, par MM. Petit et G. Cotteau. Ne voulant pas répéter ce que ces auteurs ont si bien dit, nous y renvoyons nos lecteurs.
(5) Bulletin de la Société des Sciences historiques et naturelles de Semur, en 1885.
(6 Bulletin de la Société des Sciences de Semur, 1873.
(7) Ce monument, assez dégradé, est au musée lapidaire de Dijon (Voy. pl. du Bull. de Semur de 1873).

Depuis sa source jusqu'à son embouchure dans l'Yonne à Cheny, au lieu dit la *Bouche*, l'Armançon, descendant rapidement des montagnes de l'Auxois, arrose un grand nombre de villes et de villages. Nous citerons les principaux lieux : Gissey-le-Vieil, Montigny, Semur, élevé sur des escarpements granitiques, au pied desquels coule la rivière qui défend l'approche des remparts et des tours ; Genay, Quincy-le-Vicomte ; et, en entrant dans le département de l'Yonne, Aisy, Nuits, Ancy-le-Franc, Tanlay, Tonnerre, Flogny, Saint-Florentin, Brienon et Cheny.

La longueur du cours de l'Armançon est de 203 kilomètres 700 mètres.

Savoir : dans le département de la Côte d'Or, 86,520 mètres.

Dans le département de l'Yonne, 117,180 mètres.

La pente moyenne de la rivière est de 1 mètre 59 par kilomètre. Sa largeur, à 1 mètre au-dessus de l'étiage (les pertuis des usines étant ouverts), varie de 25 mètres à Aisy à 36 mètres à Brienon. C'est la dimension mineure de la rivière (1). Plus haut, la dimension va en diminuant à mesure qu'on remonte à sa source.

C'est dans la vallée de l'Armançon, près d'Argentenay, qu'eut lieu, entre César et Vercingétorix, ce terrible combat de cavalerie, où ce dernier fut défait et forcé à la suite de se retrancher à Alise avec le reste de son armée.

Il est fait mention de l'Armançon en 833 (2) et de la terre de Cheny, qui en est voisine, et que possédait déjà l'abbaye Saint-Remy, de Sens, et aussi en 878 dans une charte du roi Louis pour son fidèle Baldric (3). Dans l'une des chartes, la rivière est appelée *Ormentio* et dans l'autre *Hermentaria*.

Mais il faut descendre jusqu'au XIIe siècle pour trouver trace d'une navigation quelconque, et encore sur la dernière partie de la rivière, c'est-à-dire de Brienon à l'Yonne.

En 1185, Augallo, sire de Seignelay, traitant avec les moines de Saint-Remy de Sens, seigneurs en partie de Cheny, reconnaît que l'abbé pourra construire deux moulins, l'un près du pont de ce lieu et l'autre au-dessus, de manière que la voie, pour le passage des bateaux de l'autre côté de l'eau, reste encore d'une toise de large (4).

---

(1) Note fournie par M. de Mas, ingénieur en chef des ponts et chaussées à Auxerre.

(2) *Cartulaire général de l'Yonne*, I, p. 41.

(3) Chartes bourguignonnes inédites des IX, X et XIes siècles, etc., par Joseph Garnier, Paris, 1845, in-4°, p. 133.

(4) *Cartulaire général de l'Yonne*, t. II, p. 357.

En 1243, Jean, autre seigneur de Seignelay, qui avait commencé de bâtir un moulin à Cheny, au-dessous de celui des moines de Saint-Remy, ayant vu leurs titres, renonce à tous ses droits sur l'Armançon depuis Cheny jusqu'à l'Yonne, et déclare que les moines pourront établir un autre moulin sur la rivière, près du pont, « en réservant la voie pour le passage des bateaux (1) ».

Les archevêques de Sens, seigneurs de la baronnie de Brienon au xiv° siècle et depuis, se faisaient envoyer par le doyen de cette ville, leur régisseur, à Sens et à Paris, les produits de leur terre en vins, en blés et en avoine. Les comptes de recettes et dépenses qui relatent ces faits ne sont pas toujours très précis sur la nature des moyens de transport par eau. On voit bien amener les vins et les grains au port de Brienon (2); quelquefois même c'est un marinier de Joigny, Jean Dabbé, qui mène dans ses bateaux 14 muids d'avoine et 12 muids 6 setiers de froment; et, dans le même compte, Denizot, de Fontaine, part du port de Laroche le 13 décembre 1366 (3) et arrive à Paris le 30 du même mois, pour conduire en bateaux 31 queues de vin (4).

Dès ce temps-là, l'administration de Paris paraît s'être préoccupée de l'utilité dont pouvait être l'Armançon pour aider à l'approvisionnement de cette ville, car le jeudi, lendemain de Saint-Loup 1367, des officiers de l'archevêque, messire Guy et l'official de Saint-Julien vinrent à Brienon avec le lieutenant du prévôt des marchands, le maître du Pont de Paris et six chevaux, « pour visiter la rivière, comment elle portast navée (5). » On ne connaît pas la suite qu'a pu avoir cette sorte d'inspection; elle est intéressante cependant pour l'histoire de la navigation sur l'Armançon.

Nous continuerons à extraire des comptes de la terre de Brienon ce qui peut éclairer notre sujet.

La même année 1367, on menait de Brienon à Sens, à Noslon et Paris, des vins et des grains pour l'approvisionnement des hôtels de l'archevêque en ces divers lieux. On emploie même, pour les transporter, Jacques Delaloge, marinier à Bassou (6).

(1) Recueil de pièces du xiii° siècle, pour faire suite au *Cartulaire général du département de l'Yonne*, Auxerre, 1873, in-4°, n° 492.
(2) G 472, Compte de Brienon en 1366.
(3) G ibid.
(4) Sur la couverture en parchemin du Compte de Brienon de l'an 1457 (G. 480), à la date de 1366, on lit cette mention précise : « a esté mené à Sens, par eau, par lettres du 3 juin, 3 queues de vin, et à Noslon 7 queues de vin. »
(5) G 473 Compte de la terre de Brienon de 1367 et 1368.
(6) G 473.

Aux xv⁰ et xvi⁰ siècles, on se sert toujours de la rivière pour envoyer à l'hôtel de l'archevêque les vins et les grains nécessaires à sa maison. Tantôt ce sont des charretiers qui charroyent les grains depuis le port de Brienon jusqu'à la rivière, pour les mener de là à Sens, tantôt d'autres mènent « par eau, de Brienon à Sens », 19 muids de vin (1).

En 1452, Thévenin Thuault, marinier, conduit par eau, de Brienon à Sens, les vins et les foins de la récolte amenés au port par un charretier.

Les pièces de dépenses sont plus précises que les comptes dans leur rédaction et confirment ce que l'on sait sur la navigation, au moins depuis Brienon.

En 1486, Philippon Rousseau donne quittance de 27 s. 6 d. « pour charroy des grains de Mgr depuis Brienon jusqu'à la rivière, pour mener par eau jusqu'à Sens (2) ».

Un marinier de Joigny déclare avoir mené par eau, de Brienon, Noelles (3) et Cheny jusqu'à Sens « pour Mgr », 31 muids 6 setiers de froment, avoine, pois et fèves (4).

En 1536, Jean Deline, métays (fermier) de Bouy (5), reçoit du receveur de Brienon 4 livres 5 sols pour avoir charroyé, depuis la maison de Mgr audit Brienon, 85 muids de vin jusqu'au port de la rivière d'Armançon (6).

Enfin, en 1539, le receveur de Brienon fait conduire à Saint-Denys-en-France 220 muids de vin et 11 autres pour le remplissage, menés au port de Brienon (7).

L'absence de documents postérieurs ne nous permet pas de continuer la démonstration que nous avons entreprise. Ajoutons-y une preuve de la navigation sur l'Armançon à cette époque et bien au-dessus de Brienon, à Germigny, où l'on construisait des bateaux d'assez grande dimension.

En 1502, Pierre Loré, charpentier de bateaux à Germigny, fait marché avec Jean Henriet, voiturier par eau à Auxerre, pour construire un bateau de 11 toises et demie de long sur 11 pieds de large « à rendre flottant sur la rivière dite la Bouche d'Armançon », c'est-à-dire à Cheny, où l'Armançon se jette dans l'Yonne (8).

(1) G 477, an 1444.
(2) G 491.
(3) Ferme commune de Brienon.
(4) G 491.
(5) Bouhy, commune de Brienon.
(6) G. 491.
(7) G. 494.
(8) E (506). Voy. *Pièces justificatives.*

II.

DU FLOTTAGE DES BOIS SUR L'ARMANÇON ET LA LAIGNE. — VENTE DES COUPES DE BOIS DES COMTES DE TONNERRE AU XVIᵉ SIÈCLE.

Dans notre *Histoire de la rivière d'Yonne* (1), nous avons relaté les principales lois et les règlements qui régissaient autrefois les forêts et leur exploitation pour l'approvisionnement de Paris. Dès le xivᵉ siècle, les maitres des eaux et forêts recevaient des ordres pour faire la visite des forêts, mais seulement de celles qui appartenaient au roi (2). Ce n'est qu'au xvɪᵉ siècle que la juridiction royale s'étend sur les bois des particuliers au nom de l'intérêt public et pour l'approvisionnement de Paris. Nous n'entrerons pas ici dans l'analyse des ordonnances qui n'ont rien de particulier au pays Tonnerrois. On pourra consulter au besoin, sur ce sujet, le volume de Saint-Yon, et Delamarre, *Traité de la police*, t. III.

Le flottage des bois, même à bûches perdues, n'a jamais pu avoir lieu à Semur ni sur tout le haut Armançon, par une raison majeure, assavoir que les moulins y ont de tout temps été pourvus de grands biez avec déversoirs en granit qui s'opposent à tout transport des bois. La tradition rapporte cependant qu'on a flotté à bûches perdues, mais depuis Buffon seulement (3). Nous ne parlerons ici que des faits établis par des actes authentiques.

Il a existé de tout temps, dans le Tonnerrois, deux forêts importantes, savoir : la Garenne de Tonnerre, contenant 494 hectares, et la forêt de Maulne, commune de Cruzy, qui avait, suivant Pithou, au xvɪᵉ siècle, 6,400 arpents et qui comprend encore aujourd'hui plus de 1,800 hectares, sans parler des bois des communautés d'habitants voisines aménagés dans la même forêt par les anciens seigneurs. Ces deux forêts appartenaient aux comtes de Tonnerre, et quand, au xvɪᵉ siècle, Paris, qui avait dévoré les bois de son voisinage, chercha au loin de nouvelles ressources de chauffage et de bois de construction, les forêts du Tonnerrois se trouvèrent tout à la portée de ses marchands de bois et « voituriers par eau », qui purent les faire mener à la grande cité par le moyen de l'Armançon, de l'Yonne et de la Seine.

(1) *Bull. de la Soc. des Sc.*, t. 39, 1885.
(2) *Les édits et ordonnances des bois, etc.*, par le sieur de Saint-Yon, 1610, in-fº, p. 67.
(3) Note de M. Collenot, président de la Société des Sciences historiques et naturelles de Semur.

Les comtes de Tonnerre trouvèrent là un précieux débouché pour la vente des coupes de leurs bois, qui étaient pour eux d'un gros revenu. Les protocoles de M⁰ Petitjehan, notaire à Tonnerre pendant la seconde moitié du xvi⁰ siècle, nous ont fourni des éléments curieux qui nous permettront de faire connaitre quelques parties de l'histoire du commerce de bois en ce pays, et de montrer la part qu'y prit surtout la comtesse Louise de Clermont, qui posséda le comté de Tonnerre pendant plus de cinquante-cinq ans (1) et mourut presque centenaire en 1596.

En 1547, son premier mari François du Bellay, lui avait donné une procuration générale pour administrer ses domaines du Tonnerrois et pour vendre annuellement la coupe de vingt arpents de la Garenne de Tonnerre (2).

Le 14 mars 1551, le comte donne à sa femme une nouvelle procuration pour continuer la gestion de leurs domaines (3). Chaque année, la comtesse vend des quantités de bois considérables à prendre dans la forêt de Maulne pour l'approvisionnement de Paris (4).

On voit figurer, dans les marchés et les transactions que nécessitent ces opérations, des « gentilshommes lucquois », et particulièrement noble Geoffroy de Cénamyn ou Cénamy, qui traite au nom du comte et de la comtesse, répond pour eux vis-à-vis du banquier de Paris, reçoit de la comtesse des créances ou des obligations pour prix de bois vendus, enfin parait être leur *factotum* dans toutes leurs affaires de ce genre (5).

Ce personnage ne prend aucune qualification dans les transactions où il figure, sinon celle de « gentilhomme lucquois ». D'après les minutes de M⁰ Petitjehan, on peut cependant en induire qu'il était une sorte de banquier (6) indispensable à la comtesse de Clermont qui, dans un besoin pressant d'argent — car elle était souvent besogneuse, à ce qu'il parait, — lui vend même à réméré, le 5 juillet 1553, un grand nombre de bijoux et

(1) Depuis la mort de sa mère, en 1540..
(2) E 650, f⁰ 24.
(3) E 650, ibid.
(4) Voyez Protocoles de Petitjean, E 652, 653, 657, 658.
(5) Une fois seulement on voit un Laurent de Cenamy recevoir de la comtesse un transport de 3500 livres sur deux marchands de bois de Channes (Aube) pour prix de 2500 voies de bois de la forêt de Maulne (E 653).
(6) Dans un transport de créance fait par le comte et par la comtesse de Tonnerre, du 6 février 1566, Geoffroy de Cenamy est qualifié leur « négociateur au comté de Tonnerre ». E 657. f⁰ 85.

de pièces d'argenterie pour la somme de 3,883 livres (1). La comtesse, qui avait souvent recours à la caisse de Cénamy, lui abandonne, pendant cinq ans, le revenu de la terre de Channes, moyennant 300 livres par an, pour s'acquitter de 2,000 livres qu'elle lui devait. (Sept. 1553).

G. de Cenamy, comme procureur du duc d'Uzès, et avec deux autres officiers de ce dernier, vend encore des bois par acte du 2 juillet 1568 (2).

En 1552 existaient encore à Tonnerre deux « gentilshommes florentins », nommés Michel et Geoffroy Gemyot, frères, qui faisaient aussi des affaires de commerce. Ils traitent alors avec Geoffroy de Cénamy, qui représente le comte et la comtesse de Tonnerre, et s'engagent à faire flotter 12,000 voies de bois de moule à 63 bûches par moule, à prendre au port de Saint-Martin-Molôme et de les flotter et mener jusqu'au port de la Bouche-d'Armançon (3), lieu du chargement des bois pour Paris.

Les détails de ce marchés sont instructifs sur la manière dont s'opérait alors l'expédition d'une flotte.

Le fondé de pouvoirs du comte se rend à l'abbaye Saint-Michel-sur-Tonnerre, où le marché devait être passé. Les frères Gemyot y vont de leur côté. M. de Cénamy produit au notaire la permission de faire flotter, accordée par le roi au comte de Tonnerre, puis Mᵉ Petitjehan procède.

Les bois charroyés depuis la forêt de Maulne seront déposés sur le port de Saint-Martin-Molôme, sur le bord de l'Armançon. Les 12,000 voies de bois représentent 24,000 stères d'aujourd'hui. Les Gemyot s'engagent à commencer le flottage le 1ᵉʳ octobre, deux jours après la date du marché, moyennant 6 sous par voie, et de continuer pendant les trois années suivantes. Ils ne feront pas flotter moins de 4,000 voies à chaque flotte, ce qui devait former une quantité considérable de bois.

Le comte devra apporter au port Saint-Martin l'argent néces-

---

(1) E 653. L'Inventaire détaillé de ces joyaux a été publié dans le *Bull. archéologique du Comité des travaux historiques*, 1886, p. 380.

(2) E 658, fº 146. — Les Cenamy étaient de famille noble de Lucques, en Italie. Ils vinrent en France vers l'an 1400, comme trafiquants. En 1493, Marc Cename est commis à la recette et paiement des menus deniers de la Chambre des comptes. On voit des Cenamy à Tonnerre au milieu du XVIᵉ siècle. Vers la fin de ce même siècle, un Barthélémy Cenamy, « gentilhomme Lucquois » et riche banquier, prête souvent des sommes considérables à Henri IV, pour le service de ses armées. (Voir *Inventaire des Archives du Conseil d'État*, publié par l'administration des Archives nationales, t. I, 1886, in-4º).

(3) E 652, fº 46.

saire pour payer les ouvriers employés à chaque flotte huit jours avant que les sieurs Gemyot veuillent jeter les bois du flot sur la rivière.

Aussitôt le flot arrivé au port de la Bouche-d'Armançon, les Gemyot feront tirer le bois hors de l'eau, le commis du comte comptera les bûches une à une, et, s'il y en a quelques-unes de perdues, les entrepreneurs paieront le manquant au prix de 37 sous par voie. Le chargement sur bateaux devait suivre sans doute, mais nous n'avons pas trouvé de marchés qui relatent cette opération (1).

Une dernière opération de commerce faite par la duchesse d'Uzès confirme bien ce que disent L'Estoile et d'autres historiens sur sa situation misérable de fortune vers la fin de sa vie. Elle vendit, en 1581 et 1584, aux sieurs Raffart et de la Croix (2), des coupes de bois pour la grosse somme de 25,000 livres. Mais c'était une vente simulée, et Raffart et de la Croix lui en délivrent des contre-lettres au mois de mars 1592 (3).

Outre le flottage à bûches perdues sur l'Armançon, dont nous venons de parler, on se servait aussi des rivières de Laigne et de Seine jusqu'à Troyes, après avoir obtenu au préalable une permission du roi. C'est ce que nous apprennent des actes relatifs au règlement de ventes de bois de Maulne des années 1552 et 1553 (4).

III.

Revenons à l'histoire proprement dite de la rivière d'Armançon. En parcourant les documents de la fin du xvi° siècle, on voit que la navigation y était encore pratiquée jusqu'à Tonnerre. C'est, du moins, ce que rapporte A. Challe, d'après une ordonnance de Henri III de l'an 1578 (5).

En 1568, maître Jean Lemaigre, procureur de noble Jacqueline Desloges, veuve de noble Guyon de La Forest, capitaine et gouverneur de Dannemoine, donne à bail les deux moulins de Charrey,

---

(1) Voir aux *Pièces justificatives* n° 3, l'analyse d'un marché pour le transport de 12000 cordes de bois de la forêt de Maulne au port de Saint-Martin, en 1552.

(2) Inventaire des titres du comté de Tonnerre, E 189, p. 302.

(3) Louis Raffars était secrétaire de la reine de Navarre, et demeurait à Tonnerre en 1585, et Pierre de la Croix était capitaine du comté de Tonnerre (E 681 et E 674).

(4) E 652, p. 27 et 277.

(5) *Histoire du Comté de Tonnerre*, p. 188.

assis sur la rivière d'Armançon, au-dessus de Flogny, et parmi les conditions imposées au meunier, on remarque celle-ci : « Entretiendra le pertuis au-dessus des moulins pour avaller et monter les basteaux sur l'écluse desdits moulins, en sorte que les moulins ayent eau pour moudre sans discontinuer et que les basteaux ne puissent faire dommage ou empeschement (1) ».

Les règlements de Pierre Pithou, bailli de Tonnerre au XVI° siècle, en parlant des droits de bannalité du comte sur la rivière, prescrivent bien aux riverains de l'Armançon d'en curer le lit, « afin qu'il ne s'emplisse », mais ils sont muets sur la navigation (2). Les Etats de Bourgogne, animés de l'esprit d'initiative, voulurent essayer de rendre le haut Armançon navigable et firent dresser, en 1581, sur la demande des villes du bailliage de Semur (3), un projet en conséquence, mais les troubles du temps les empêchèrent d'y donner suite.

Quelques années après, les Elus reçoivent la visite du sieur Bradeley, maître des digues du Roi, « homme de grande suffisance, qui étoit envoyé pour voir les rivières et considérer les moyens de les rendre navigables ». Il visite d'abord l'Ouche depuis Dijon jusqu'à la Saône ; puis les Elus l'adressent aux maires d'Autun, Châtillon et Semur pour visiter les rivières d'Arroux, de Seine et d'Armançon. Il est accompagné du prévôt des maréchaux à Meilly (4), pour examiner « deux ruisseaux peu distants l'un de l'autre, dont l'un coule dans l'Ouche et l'autre dans l'Armançon, par le moyen desquels il prétend que l'on pourrait joindre les deux mers et naviguer de la mer du Levant à celle d'Occident ». Ces dires de Bradeley sont consignés dans les registres des délibérations des Élus (5). Mais on ne voit pas qu'il y ait été donné suite. L'idée de joindre les deux mers par un canal ouvert sur ce point culminant de la France, et où devait passer, deux siècles après, le canal de Bourgogne, n'en est pas moins d'un esprit supérieur à son temps.

En 1669, les échevins de Semur reprirent l'idée et firent faire un nivellement de la rivière par le P. Claude, savant religieux carme.

---

(1) E 658, minutes du Protocole de Tonnerre. — Charrey, moulin sur la commune de Marolles (Aube).

(2) Ordonnances de police pour la ville de Tonnerre en 1574, t. I, p. 250 (Bibl. de Tonnerre).

(3) Archives de la Côte-d'Or, C 3014.

(4) Meilly-sur-Rouvre, village sur une montagne, à 7 kil. de Pouilly-en-Montagne (Côte-d'Or).

(5) Archives de la Côte-d'Or, C 3075.

Mais celui-ci reconnut de telles difficultés dans l'exécution qu'on y renonça (1).

D'autre part, si l'on en croit Louis Coulon, dans sa *Description du cours des rivières de France*, qu'il écrivait en 1644, « l'Armançon étoit navigable jusqu'à Tonnerre, mais depuis trente ou quarante ans, il a cessé de porter bateaux (2) ».

Quoiqu'il en soit, les marchands de bois pour l'approvisionnement de Paris faisaient flotter en trains sur le port de Brienon leurs bois descendus du pays tonnerrois et amenaient ensuite ces trains dans le biez au-dessus de Cheny (3). En 1687, on tirait encore le flot des bois au-dessus du pont de Brienon, où se fabriquaient les trains composés de neuf coupons ; les meuniers recevaient des marchands, pour leur salaire, une légère indemnité de 20 sols par train pour leur aide dans le passage du pertuis de Brienon et la conduite jusqu'à celui de Cheny.

Voici un épisode qui émut beaucoup les habitants de La Chapelle-Vieille-Forêt, dont l'Armançon arrose le territoire. En 1671, les tuteurs des enfants de feu Pierre Boucher, seigneur de Flogny et de La Chapelle, alléguant « que chaque année l'Armançon fait des inondations extraordinaires aux environs de leurs terres de Flogny et de La Chapelle, quitte son lit et cause des dégâts énormes », demandèrent au roi le redressement du lit de la rivière par l'ouverture d'un canal direct, tracé dans les pâtis communaux, au lieu dit les Orgevaux. Les trésoriers généraux des finances, autorisés, ordonnèrent, malgré les protestations des habitants, la levée du plan des lieux pour arriver à l'instruction de l'affaire. Mais, et c'est ici où l'on voit que les paysans savaient au besoin défendre énergiquement leurs intérêts contre leurs seigneurs : lorsque les arpenteurs vinrent faire leurs opérations, plusieurs habitants accoururent et s'y opposèrent avec tumulte, « et firent plusieurs menaces de tuer et assommer tous ceux qui se mesleroient de travailler audit ouvrage et qu'ils en détruiroient autant qu'on en feroit ; qu'ils en avoient vu bien d'autres et se mocquoient de tout ! » Les femmes mêmes s'en mêlèrent et ne furent pas les moins animées, et les arpenteurs déguerpirent. Le bailli de La Chapelle fit alors une enquête qui établit les rébellions

(1) *Voyage pittoresque en Bourgogne, Côte-d'Or*, Dijon, 1833, in-f°.

(2) Description géographique et historique du cours et des débordements des rivières de France. Paris, 1644, 2 vol. in-8°, t. I, p. 74.

(3) Traité entre les receveurs des moulins de Brienon et J. Boize, le jeune, marchand de bois à Paris, pour l'ouverture du pertuis de Brienon, en 1663, 28 juin (G 463).

reprochées aux habitants. Ceux-ci répondirent encore « que le canal projeté les empêcheroit d'aller dans leurs usages, et qu'en cherchant le profit du seigneur on postposoit celui du public. » Cette réplique est signée du syndic Archambaud et d'un avocat nommé Lasche, probablement l'auteur de la réplique. (E 35).

Nous n'avons pas trouvé comment se termina l'affaire ; mais on doit croire que les habitants ont obtenu gain de cause, car on peut voir encore aujourd'hui, en face du village de La Chapelle, la courbe énorme que décrit la rivière et qui arrose en cet endroit les pâtis communaux, cause de la résistance des paysans, et rien du tracé direct proposé.

Les sujets intéressants, concernant l'Armançon, deviennent rares au dernier siècle. La disette des bois se faisait sentir à Paris en 1714 ; pour y porter remède, le roi prescrivit par un arrêt du Conseil du 7 septembre, aux officiers de l'Hôtel-de-Ville, de se transporter sur les rivières où se faisait le flottage des bois. Il désigna notamment MM. Chapotin, Conseiller, et Marie, son avocat, au bailliage d'Auxerre « pour se rendre sur les ports de Brienon et autres, le long de la rivière, pour faire amener les bois à Paris » (1).

L'exploitation de la forêt de Maulne nécessitait d'emprunter le ruisseau de Quincy ou de Baon, et de faire passer les bois par le canal et aqueduc du parc de Tanlay (2), puis de les sortir par le Petit-Moulin et les rendre dans l'Armançon.

Cette servitude gênait beaucoup le seigneur de Tanlay et amenait de fréquents procès. Un arrêt du Conseil d'État (3) du 12 février 1723, avait bien donné gain de cause à M. de Louvois, propriétaire de la forêt de Maulne, mais de nouvelles dégradations commises aux berges du canal avaient décidé, en 1754, M. de Courtenvaux de cesser de faire flotter ses bois pendant trente ans par les canaux et aqueducs du château de Tanlay. Mais, deux ans après, M. de Courtenvaux enfreint son engagement, vend ses bois à la veuve Gaudot, de Paris, et fait de nouveau flotter par le canal. Un nouveau procès s'entame et, le 5 mai 1757, M. de Tanlay obtient du grand maître des eaux et forêts une sentence qui condamne M. de Courtenvaux à 4,000 livres de dommages (4).

La création du canal de Bourgogne destiné à faire communiquer

---

(1) Delamarre, *Traité de la Police*, t. III, p. 882.
(2) Le canal est considérable et mesure 500 mètres de longueur sur 25 mètres de largeur. (V. Petit, *Annuaire* de 1855).
(3) B 47.
(4) B 172.

la Saône avec l'Yonne, de Saint-Jean-de-Lône à La Roche-sur-Yonne, ayant été ordonnée en 1775 par les États de Bourgogne, ouvrit une voie nouvelle et assurée à la navigation, mais le canal s'alimenta, dans une grande partie de son cours, des eaux de l'Armançon par des prises d'eau nombreuses telles que celle de Tonnerre, qui coûta 100,000 fr. (1823) ; celle de Germigny, 69,000 fr. (1820).

Dans ces dernières années, on établit sur l'Armançon, à Pont, au-dessus de Semur, un barrage pour former un réservoir contenant environ 5,000,000 de mètres cubes d'eau, pour alimenter surtout le canal dans sa partie inférieure où la déperdition d'eau est considérable à cause de la perméabilité du sol.

Mais c'était au détriment de la rivière qui vit ainsi diminuer graduellement ses eaux et son utilité.

IV.
1790. — 1887.

La suppression des droits féodaux, en 1790, fit disparaître les différentes servitudes établies sur l'Armançon au profit des seigneurs et des simples particuliers. Le commerce des bois profita du nouveau régime et l'État, substitué aux droit privés, dut s'intéresser à l'entretien de la rivière. Mais les travaux du canal de Bourgogne firent négliger l'Armançon ; puis les évènements généraux le firent perdre de vue davantage. Cependant, les conditions d'établissement du canal qui longeait la rivière depuis Buffon firent opérer des redressements du lit de l'Armançon, mais de peu d'importance ; à Saint-Florentin, où la rivière menaçait d'enlever une partie de la route d'Auxerre à Troyes (an IX) ; l'ouverture d'un nouveau lit entre Tonnerre et Grisey (1810) ; à Commissey, à Pacy, à Tanlay, etc.

Le flottage des bois en trains continua d'exister. En 1819, le flottage à bûches perdues se faisait encore de Saint-Florentin à Brienon, et même, en remontant, jusqu'à l'embouchure de la Brenne, au-dessous de Buffon, mais, depuis 1796, on ne flottait plus en trains au-dessus de Saint-Florentin. Le canal de Bourgogne ayant été ouvert à la navigation au mois de décembre 1832, le transport des bois se fit dès lors par cette voie par bateaux. Les trains de charpente, en petit nombre, sont construits à proximité des centres d'exploitation des bois. La plupart viennent de Saint-Jean-de-Lône et sont formés de sapins du Jura amenés par le Doubs et le canal du Rhône au Rhin.

Un règlement général pour l'usage des eaux de l'Armançon

depuis Brienon en aval, rédigé sur les réclamations de M. Robillard, ancien ingénieur en chef du canal et propriétaire du moulin de Saint-Martin, le 7 septembre 1836, approuvé par le ministre des travaux publics le 25 octobre suivant, détermina les droits respectifs des usiniers et des entrepreneurs de flottage, mais tout en faveur de ces derniers.

L'administration des Ponts et Chaussées portant son attention sur l'amélioration des rivières et autres cours d'eau secondaires provoqua, en 1856, la formation d'un syndicat pour arriver au curage et à la règlementation de l'Armançon, qui fut constitué définitivement en 1860 et dont le siège était à Tonnerre. Mais, depuis l'établissement de la navigation continue sur la rivière d'Yonne, l'utilité de l'Armançon pour le flottage devint nulle ; les dépenses d'entretien par l'Etat sans fruit pour lui. Depuis 1869 jusqu'en 1876, le Conseil général de l'Yonne, parlant de l'Armançon (1), répète, chaque année, comme un glas funèbre « que le flottage n'existe plus, qu'elle ne présente plus d'intérêt au point de vue de la navigation, et que, lorsque la navigation sera continue sur l'Yonne, il n'y aura plus aucune utilité à maintenir l'Armançon comme rivière flottable.

Sur la demande même du Conseil municipal de Brienon, et après enquête dans les communes intéressées, un décret du 7 mai dernier a prononcé le déclassement comme rivière flottable de la partie de l'Armançon comprise entre Brienon et son embouchure dans l'Yonne. Toute la partie antérieure de la rivière ne comptait déjà plus comme rivière navigable ni flottable.

V

HISTOIRE DES PONTS.

Les documents font défaut sur la plupart des ponts qui ont existé sur l'Armançon depuis le temps des Romains, et l'on ne peut en apprécier approximativement l'âge que par leur style.

On voit encore à Lézinnes, au-dessous du pont actuel, dans le lit de la rivière, deux îlots qui marquent l'emplacement où s'élevait le pont de la voie de Sens à Alise. Les villes de Semur et de Tonnerre ont dû avoir, dès le temps de ces conquérants, un passage sur la rivière qui était probablement au même lieu où s'élèvent aujourd'hui les ponts modernes, mais toute trace de ces monuments a disparu.

(1) Procès-verbaux du Conseil général, 1869-1876.

On remarquait, en 1826 (1), que les ponts étaient nombreux dans le département de l'Yonne, au-dessus de Tonnerre, car, de cette ville à Aisy, sur une étendue de douze lieues, on en comptait onze, tandis qu'au dessous, on n'en rencontrait point entre Tonnerre et Saint-Florentin, et qu'il y en avait trois seulement de la dernière de ces villes à La Roche.

Voici le relevé des ponts dont nous avons constaté l'existence historique (2).

DÉPARTEMENT DE LA COTE-D'OR.

Ponts d'Aiguilly, de Normiers, de Saint-Thibault.
Marcigny-sous-Thil. — Pont du dernier siècle. (Arch. de la Côte-d'Or, C. 3184, travaux en 1737).
Montigny-sur-Armançon. — Pont à deux arches du xvi° siècle. La ville de Semur y avait droit de péage avant 1790.
Pont et Saumaise. — Ponts modernes.
Semur. — Pont Pinard. — Édifice à deux arches, reconstruit au xvii° siècle, après l'inondation du 17 juillet 1613 qui l'avait emporté.
Semur. — Le Pont-Joly qui tire son nom de celui de M. Florent Joly, de Semur, maitre à la Chambre des Comptes, élu des États de Bourgogne, qui prit une grande part à cette création. Dès 1758, les élus avaient conçu le projet de ce pont en même temps que la construction de la route de Montbard (3).

La rivière d'Armançon présente ici un aspect particulier. Elle coule dans un vallon aux pentes escarpées et entoure aux trois quarts la ville qui s'élève sur la hauteur. Sur le sommet d'un rocher se montre encore le château-fort du moyen-âge, flanqué de quatre grosses tours rondes, reliées par des murailles crénelées inaccessibles. Les bords de l'Armançon, couverts de bois et de bruyères, offrent autour de Semur les sites les plus pittoresques.

Avant la construction du Pont-Joly, les voitures lourdement chargées ne pouvaient arriver à Semur qu'avec de grandes difficultés.

---

(1) Rapport de l'ingénieur Daugy, à propos du pont de Flogny, en 1826 (Arch. de la préfecture).

(2) Ces indications des ponts, dans le département de l'Yonne, ont été empruntées au *Guide pittoresque dans le département*, par MM. V. Petit et G. Cotteau, *Annuaire de l'Yonne*, 1854 à 1857, dans notre *Répertoire archéologique du département*, in-4°, et aux archives du département.

(3) Archives de la Côte-d'Or, C 3206.

Le plan et le devis du pont furent dressés le 26 avril 1778 par M. Dumarrey, ingénieur en chef de la Province et, le 16 mai suivant les travaux furent adjugés à L. N. Machureau, entrepreneur à Dijon, moyennant la somme de 55,000 livres qui, avec les travaux d'augmentation, s'élevèrent à 116,763 liv. 6 s. Les travaux marchèrent rapidement et le tout était terminé en 1785 (1).

Suivant Maillard de Chambure (2), M. Joly aurait posé la première pierre du pont le 13 septembre 1777, et la ville de Semur contribua pour une large part dans la construction.

Ce beau pont est d'une seule arche à plein cintre, de 24 mètres d'ouverture ; ses pentes ont 244 mètres de développement et sont soutenues par d'épaisses murailles de granit.

Après le Pont-Joly vient le Pont-des-Minimes, à deux arches, qui reçut son nom de l'ancien couvent de ce nom qui en était voisin. Avant la fondation de ce couvent, au XVIIe siècle, il s'appelait le Pont-Dieu. Il servait d'entrée à la ville avant la construction du Pont-Joly.

Ajoutons à Semur le viaduc du chemin de fer de Cravan aux Laumes, de sept arches, dont une seule sert au passage de la rivière.

En continuant la descente de l'Armançon on trouve : le pont de Chevigny (ancien), surélevé de deux arches, il y a cinquante ans, pour servir à la route de Montbard ; les ponts de Millery, de Genay (XVIIIe siècle) ; d'Athie (moderne) ; de Saint-Jacques, au-dessus de Saint-Germain-les-Senailly, réparé en 1732. (Arch. de la Côte-d'Or, C. 3178) ; de Buffon (ancien), et où s'élève aussi un nouveau pont pour le chemin de fer de Paris à Lyon.

DÉPARTEMENT DE L'YONNE.

Aisy. — Pont du XVIIIe siècle et un pont du chemin de fer, détruit en 1870, pour empêcher le passage des Prussiens sur la voie ferrée.

Perrigny. — Assez beau pont de sept arches à plein cintre ; XVIIe siècle.

Cry. — L'un des ponts les plus grands de la rivière : a plus de cent pas de longueur ; douze arches en pierre, quelques arcs légèrement ogivaux ; XVIe siècle.

Nuits. — Pont à deux arches de dix mètres d'ouverture, cons-

---

(1) Archives de la Côte-d'Or, C. 4000. Renseignements communiqués par mon ami J. Garnier, archiviste du département.

(2) Les dates données par Maillard de Chambure, dans son *Voyage pittoresque en Bourgogne*, 1833, in-f°, ne s'accordent pas avec les documents officiels des archives. art. C 4000.

truit en 1730 par Goualle, architecte à Auxerre, sur les devis d'Herbet, architecte à Paris.

Fulvy. — Pont de cinq arches à plein cintre ; xvi° siècle, restauré en 1826.

Pacy. — Pont de huit arches à plein cintre ; xvi° siècle.

Lézinnes. — Pont de près de cent mètres de longueur, à huit arches plein cintre ; fin du xvi° siècle.

Argentenay. — Quatre ponts en pierre élevés sur les trois bras de l'Armançon et sur le canal de Bourgogne.

Saint-Vinnemer. — Pont à neuf arches à plein cintre.

Commissey. — Le pont fut entièrement ruiné en 1816 par deux crues extraordinaires de l'Armançon. Il n'était pas encore reconstruit en 1822. La commune projetait d'employer à cette œuvre 30,000 francs, produit d'une coupe de bois. En 1838, le Conseil général alloua 1,500 francs pour y subvenir.

Tonnerre. — Le pont de Notre-Dame portait autrefois une chapelle sous l'invocation de la Vierge. Il fut réparé en 1574, après une inondation qui enleva les carreaux du pilier de la chapelle et la deuxième arche du côté d'Épineuil (1).

Le pont de Saint-Nicolas, aujourd'hui de la *scierie*, est sur la rivière du côté d'Épineuil. Il est formé de six arches à plein cintre.

Flogny. — Pont suspendu en fil de fer. Avant 1828, les habitants de Flogny et des villages aux environs n'avaient d'autre moyen pour passer sur la rive gauche de l'Armançon que par un bac entretenu par le propriétaire du moulin de ce lieu. Ce moulin ayant été transporté sur un autre emplacement, la rivière tantôt par son dessèchement, tantôt par la rapidité dangereuse de son cours, rendait le gué et le bac impraticables.

C'est alors, en 1826, que fut conçu le projet de la construction d'un pont. Après quelque temps de négociations avec l'administration, M. le marquis Anjorrant, propriétaire du château et de la terre de Flogny, animé de l'amour du bien public, et voulant rendre un grand service à son pays, offrit de faire construire le pont suspendu de Flogny moyennant 37,000 francs. Le préfet accepta ces propositions et le pont fut construit en 1828. On dit que c'est le premier dans ce genre qui ait été établi dans le département.

Pont de Saint-Florentin. — La première pierre du pont actuel a été posée le 16 septembre 1793. En l'an IX, il n'était pas terminé.

---

(1) G 677. Ce pont fut restauré en 1613 et en 1855. Il est en maçonnerie avec onze arches en plein cintre.

L'année suivante, la ville fit des instances pour son achèvement. Ce pont est à trois arches de 18 ᵐ 05 à 0,49 d'ouverture, les piles et et culées en maçonnerie, arcs en bois.

Pont de Brienon. — Brienon, situé sur la rive droite de l'Armançon étant, dès les premiers siècles du moyen-âge, une des plus grandes terres de l'archevêché de Sens, dut avoir, de bonne heure aussi, un pont sur cette rivière pour l'usage de ses seigneurs et de leurs vassaux. C'était encore, pour les pays de la vallée, l'unique point de passage de la rivière à plusieurs lieues au-dessus et au-dessous, car ce pont était, au XVIᵉ siècle, le seul qui existât entre Joigny et Tonnerre (1). Il était regardé, plus tard, comme étant sur une *rivière royale* et devait être entretenu par le Roi. Cette qualité lui a toujours été reconnue, et les archevêques de Sens, seigneurs de Brienon, n'y percevaient aucun péage. En 1628, il figure sur l'État du Roi « pour le faire réédifier. » (2).

Le pont de Brienon fut tellement endommagé par « l'impétuosité des eaux, » au mois de janvier 1505 (1506), que trois grandes arches s'écroulèrent. Aussitôt, vif émoi dans le pays « parce que c'est le passage du quartier de la Champagne pour aller en l'Aucerroys, Bourgogne et des pays de par delà. » Sur la plainte des procureurs de la communauté de Brienon, des personnes notables des villes et des villages circonvoisins sont convoquées pardevant deux notaires de la prévôté de Brienon, pour constater la chute des ponts et la nécessité de les rétablir. Les témoins sont nombreux et attestent tous le fâcheux accident arrivé aux ponts et insistent sur l'urgence de les reconstruire (3).

Un nouvel accident arriva au pont en 1571. La débâcle des glaces y causa de grands dégâts, et pour les réparer, les habitants de Brienon furent imposés par lettres-patentes, ainsi que les communautés voisines intéressées au passage du pont. Celles-ci étant récalcitrantes au paiement de leur cote-part d'impôt, il fallut leur intenter des procès, et alors, elles alléguèrent que la principale cause de la ruine du pont était dans les retenues d'eau des moulins établis sur le même pont. Les habitants de Brienon demandèrent ensuite à l'archevêque, leur seigneur, la cession du droit de minage sur les grains pour les aider à payer les frais des réparations.

Aux XVIIᵉ et XVIIIᵉ siècles, le pont de Brienon fut la cause de nombreux procès. L'archevêque fut déchargé de son entretien par ordonnance du Bureau des finances du 26 septembre 1687.

(1) Enquête sur la chute du pont de Brienon (G 463) Archives de l'Yonne.
(2) G. 463, ibid.
(3) *Pièces justificatives*, G. 463.

Le pont avait neuf arches. La grande arche où passaient « les flottes de bois » tomba vers 1750 et, en attendant la réfection du pont, les habitants de Brienon furent obligés, pour traverser la rivière, de chercher un gué qui était très variable suivant le courant des eaux.

Le caractère public du pont fut enfin défini par un arrêt du Conseil d'État du 13 mai 1766, confirmatif de l'ordonnance de 1687. En voici les termes :

Le Conseil,

Attendu que les seigneurs n'ont aucun droit sur les ponts établis sur les rivières navigables qui sont réputées appartenir à S. M. ;

Que si quelques seigneurs ont été condamnés à les réparer, c'est parce qu'ils avaient droit de péage, ce qui n'est pas le cas de Brienon, où le pont est construit sur l'Armançon, rivière navigable, sur laquelle passent et flottent les bois de la province de Bourgogne et où l'archevêque n'a pas péage ;

Confirme, etc.

L'archevêque, qui avait seulement à sa charge une partie du pont qui conduisait à ses moulins, laquelle était en bois, la fit reconstruire en 1748 en une belle arche de pierre de 40 pieds de large sur 20 pieds de haut et qui coûta 17,000 livres (1).

Un mémoire de 1768, émané des gens d'affaires de l'archevêque, démontre encore que le pont de Brienon est un ouvrage royal, et qu'il a toujours été réparé aux frais du Roi et des communautés d'habitants, et non à ceux de l'archevêque ;

Que la chute du pont ne provient que des dégradations causées à l'arche par où passent les trains, par l'impétuosité de l'eau trop resserrée en cet endroit. Mais, l'année suivante, les intéressés au flottage ripostent que l'entretien du pertuis est à la charge de l'archevêque (ce qui parait évident), et que la question de la responsabilité de la réparation du pont est une affaire distincte (2).

Le pont de Brienon a été reconstruit en 1821. Il est formé de quatre arches de 17 m. 50 d'ouverture chacune ; les piles et culées sont en maçonnerie ; les arcs en bois de 17 m. 50 de corde et de 2 m. 15 de flèche (3).

Cheny. — Pont à six arches à plein cintre ; XVIe siècle. Il n'existait pas en 1506, voyez *pièces justificatives* n° 2.

Bac de Percey. — Le défaut de pont sur l'Armançon rendait

---

(1) B 168. — (2) G 463.

(3) Note communiquée par M. de Mas, ingénieur en chef des ponts et chaussées.

difficile aux habitants de Percey et de Butteaux, canton de Flogny, la communication avec la rive gauche de cette rivière et avec les villages de Villiers-Vineux, Jaulges, Chéu, etc. Le comte d'Ailly, seigneur de Percey, voulant porter remède à ce fâcheux état de choses, obtint du Roi la permission d'établir un bac sur la rivière en 1778 (1).

VI.

NOTES SUR QUELQUES INONDATIONS DE L'ARMANÇON.

Le 15 novembre 1521, un messager envoyé d'Auxerre avec le fils du lieutenant de Bar-sur-Seine, porteur de lettres missives de messire Germain de Charmoy, chanoine d'Auxerre, dans un procès à Langres, étant arrivé à Tonnerre, ne put continuer sa route « pour les grandes et impétueuses eaux qui y estoient, et disoit avoir laissé son compagnon à Tonnerre, attendant les eaux destournez qui ne pouvoient estre de six jours, comme la commune opinion estoit. » Le messager étant de retour à Auxerre, Pierre de Maujot, chanoine, expéditeur des lettres, fit dresser procès-verbal notarié, selon l'usage du temps, pour se justifier des retards arrivés (2).

Cette relation prouve que les ponts de Tonnerre et leurs abords étaient sous l'eau et inaccessibles.

A Semur, le faubourg des Vaux qui s'étend sur la rive gauche de la rivière a été plusieurs fois emporté par l'Armançon, et notamment le 17 juillet 1613, et le Roi accorda, à la suite de cet évènement, une exemption de toutes les impositions aux habitants, pour les aider à relever les ruines de leurs demeures (Arch. de la Côte-d'Or, C. 2555). Une inscription conservée à l'Hôtel-de-Ville, rapporte que l'inondation détruisit le pont Pinard et un certain nombre de maisons, et fit périr quinze personnes. En voici les termes :

An. MDCXIII, Jul. XVII
Armenso septem cubitis alveo suo
turgidior suburbia pene submergens,
ita in hominum et ædificia sævit
ut disjecto ponte Pignardo affabré
malthato domibus L. funditus discussis
Decem et quinque hominum corpora incredibili æstu absorpserit.

Au mois de novembre 1710, une nouvelle inondation causa de

---

(1) Arrêt du 15 août 1778, *Bibliothèque d'un Sénonais*, t. IX, Bibliothèque d'Auxerre.

(2) E 379.

grands ravages dans le même faubourg et dans les environs de Semur. Les États de Bourgogne, ayant fait dresser un rapport de cet événement, prirent à leur charge les réparations nécessitées par la chûte des maisons (1).

D'autres crues de l'Armançon ont été surtout remarquables à Semur, savoir :

Au printemps de l'an 1830, à la fonte des glaces, la débâcle a été considérable, mais les ponts ont résisté.

Le 14 juin 1835, une trombe d'eau a grossi la rivière subitement : deux ponceaux ont été enlevés et une maison s'est écroulée écrasant une femme sous ses ruines (2).

On cite encore la crue du 12 mai 1856 et celle du mois de septembre 1866. La première, constatée au pont Pinard, à Semur, était à la hauteur du parapet de 1 m, 95 ; la seconde était de 0 m. 20 c. plus haut.

PIÈCES JUSTIFICATIVES.

I.

10 avril 1502.

Marché de construction d'un bateau sur l'Armançon à Germigny.

Le dixiesme jour du moys d'avril l'an 1502, après Pasques, pardevant Michel Armant, notaire royal à Aucerre, comparut en sa personne Pierre Loré, charpentier de bateaux, demeurant à Germiny (3), lequel confessa avoir marchandé, promis et accordé à Iehan Henriet, voicturier par eau, demeurant à Aucerre, à ce present et acceptant de faire et parfaire bien et deuement, de son mestier de charpentier de bateaux, une nacelle de unze toises et demie de longueur et de unze pieds et demy de largeur, fournie de quatre hailles, casselée et corbée, à unze pilles de queues, et de haulteur de bors troys piedz et demy, et les platz-bords feullez ; icelle garnye de gouvernal, et de paenons siez et d'une huche suffisante et convenable à la besongne ; et fourny toutes estouffes et choses nécessaires à faire et parfaire icelle nacelle ; et ce, moyennant le pris et somme de quarante-deux livres tournois, sur laquelle ledit Iehan Henriet a paié et baillé content audit Loré la somme de dix livres, et la reste d'icelle somme, ledict Henriet a promis et sera tenu de paier audit Loré, en faisant ladite besongne, laquelle il a promis faire et parfaire bien et dueument au dict d'ouvriers et gens à ce cognoissans, flottante dedens la

---

(1) C 3156, Archives de la Côte-d'Or, 1711.
(2) Cet épisode est le sujet d'un tableau de Bouhot, conservé au musée de Semur, et ayant pour titre : *Vue du Pont de la Poissonnerie après l'inondation du 14 juin 1835.*
(3) Germigny, canton de Saint-Florentin (Yonne).

rivière et à la bouche d'Armançon, en dedens la feste de l'Assumption. Notre-Dame prouchain venant ; et dilec, etc.; sur peine, etc., obligeant corps et biens, etc., soubz mettans soubz les deux cours et jurisdictions ; renonceans, etc. Présents : Thomas Theault, Iehan Herbelot et Guillaume Faulot.
Signé : ARMAND, notaire.

(Orig. Archives de l'Yonne, E. 506).

II.

15 février 1505-(6).

Enquête sur la chute du pont de Brienon.

Sur la plainte des procureurs et des habitans de Brienon et de leurs voisins qu'au mois de janvier précédent trois grandes arches du pont de cette ville ont été démolies par la violence des eaux, deux notables de la prévôté reçurent les dépositions de plusieurs témoins de Brienon, Saint-Florentin, Venizy, Le Mont, Cheny, Bellechaume, Turny, lesquels sont des procureurs des habitans, des vignerons, des laboureurs et des officiers de justice et noble Guillaume de Germigny, écuyer, seigneur de Lantage et de Turny. Ce dernier reproduit l'ensemble des autres diverses dépositions en ces termes.

« Ledict de Germigny, aagé de trente-six ans ou environ, dit et atteste pour vérité que depuys longtemps en ça a esté comme de présent est des ordonnances du Roy, et que par plusieurs fois luy a esté contraincte au temps d'yver, pour les inondacions des eaues qui avoient cours partout le pays, que pour aller en sa maison et ailleurs en ses affaires, luy a esté nécessité de venir passer de sa maison dudict Turny au pont dudict Brienon ; et autrement n'eust sceu passer la rivière d'Armançon, car n'y avoit autre pont plus prochain que Tonnerre ou Joigny qui sont distant l'un de l'autre de douze grandes lieues.... Outre dit et atteste pour vérité que le jour et date de ces présentes, à la doléance et clameur des procureurs de la communauté des manans et habitans dudict Brienon, a esté avec plusieurs aultres veoir et visiter ledit pont et passage dudict Brienon ; que de vérité a troys grandes arches de pierre démolies, esquelles est besoing et nécessité urgente y besongner de jour en jour pour le bien, prouffit et utilité de la chose publique, parce que c'est le passage du quartier de la Champaigne pour aller en l'Aucerrois, Bourgogne, et es pays de par de là, et aussi au pèlerinage de Monsieur saint Edme de Pontigny, qui est de grande dévotion, estant ledit pèlerinage de deux lieues dudit Brienon... Un autre témoin déclare « que en temps d'yver ladite rivière d'Armançon est si très impétueuse qu'on ne peult obvier à son impétuosité tellement que n'est année que en partie ledit pont ne soit froissé et rompu, mesmement ceste présente année ou moys de janvier derrenièrement passé à cause desdites eaues et impétuositez ledit pont a esté démoly et rompu en trois arches... que de jour en jour sont contrainctz mener leurs marchandises comme blefs, bestes grasses et aultres danrées vendre dudit lieu de Venizy en la cité d'Aucerre, et n'y a pont ny passage par où ils sceussent passer paur mener et conduire leurs dites marchandises que audit pont de Brienon... » Deux hab'ans de Mont-Saint-Sulpice et de Cheny disent « qu'ils ont accoustumé de passer et repasser audit pont, et que de leur congnoissance est contraincte ausdictz villages quant les eaues croissent, mesmement ladite rivière d'Armençon, venir mouldre leurs blefz aux molins dudict Brienon et passer audict pont, pour ce que tous les aultres molins du pays sont noiez, » etc.

(Archives de l'Yonne, G. 463).

III.
23 septembre 1552.

Marché de transport de bois de la forêt de Maulne au port de Saint-Martin-sur-Armançon.

Extrait d'un marché passé entre honorable homme Aignan Delestre, demeurant à Rugny, et messire François du Bellay et dame Louise de Clermont, comte et comtesse de Tonnerre, à ce présents, par lequel Delestre s'engage à faire charroyer, mener et conduire au port du pâtis de Saint-Martin-lez-Molôme, près de la rivière d'Armançon, pendant cinq ans, et en chacun d'iceux 12,000 voies de bois de moule à 63 bûches par voie, chaque bûche de 3 pieds 1/2 de long, et au reste selon l'échantillon de Paris, marqué au coin et marteau desdits seigneurs, qui les feront abattre, livrer et empiler à leurs dépens en leur forêt de Maulne.

Le bois ainsi coupé prendra quatre mois de hâle en la forêt « pour être léger au charroy. »

A charge par lesdits seigneurs d'avancer et payer audit Delestre, deux mois après réquisition, 667 écus sol. 8 s. tournois, faisant moitié de 1334 écus 16 s. qui seront employés en l'achat de chevaux et harnois pour le charroi des bois. Delestre remboursera cette somme après la fin des cinq années de bail.

Pour le charroi de chaque voie de bois il sera payé à Delestre 13 s. t., soit pour les 12,000 voies 7.800 livres payables de mois en mois.

Lesdits seigneurs feront réparer le chemin qui passe à travers les prés du Vau de Quenon et y feront une levée de moëllons et butans de pierres, qu'ils prolongeront dans leurs bois.

Delestre recevra le bois au port Saint-Martin moyennant 130 livres, payable de quart d'an en quart d'an.

Il jouira des étables du Maulne, s'il lui semble, et y aura une chambre et un grenier.

(Minutes de Petitjehan, E. 652, f. 40).

www.ingramcontent.com/pod-product-compliance
Lightning Source LLC
Chambersburg PA
CBHW070527050426
42451CB00013B/2881